AF461287

PIERRE MASSON

1865-1928

ALLOCUTIONS
ET NOTICES
NÉCROLOGIQUES

P.-V. MASSON

PIERRE MASSON

1865-1928

ALLOCUTIONS
ET NOTICES
NÉCROLOGIQUES

Cher Monsieur MASSON et cher Patron,

MA qualité de plus ancien employé de la Maison aux destinées de laquelle vous avez si longtemps présidé me vaut le triste honneur de vous adresser, au nom de cette grande famille que sont les Employés de notre Librairie, un dernier adieu.

Nous avons tous de la peine à réaliser qu'en effet vous n'êtes plus des nôtres et que, chaque jour, nous ne verrons plus dans cette Maison que vous animiez votre belle et noble figure, dont nous étions fiers.

Cher Monsieur Masson, c'est en effet une pensée de fierté qui nous vient aussitôt à l'esprit : vous aviez de votre rôle une idée très haute qui ennoblissait le travail quotidien et les choses les plus modestes en apparence. Nous savions que des traditions anciennes auxquelles vous teniez particulièrement avaient fait de la Maison Masson une demeure où le travail seul est honoré et d'où, sous forme de livres et de journaux utiles, il rayonne bien au-delà de nos frontières. Notre rôle auprès de vous était modeste, mais nous avions ce sentiment d'être guidés et de participer à une tâche élevée. Nous savions que chaque jour, d'une façon inlassable, vous entriez dans le détail de nos travaux, que ceux-ci étaient orientés vers des fins hautes et utiles et que nous étions associés à une œuvre qui nous dépassait et nous grandissait. Votre personne même, votre belle prestance en donnait le sentiment et en était comme la marque extérieure.

Permettez-moi, à moi qui appartiens à cette Maison depuis trente-neuf ans, de vous dire que votre Père, déjà, nous inspirait ces mêmes sentiments et que, d'une façon vivante, nous avons vu avec vous son exemple survivre. D'ailleurs cette image de votre Père, vous l'aviez toujours à l'esprit et en ce jour pénible, où nous sommes réunis sur votre tombe, je crois que vous seriez vous-même heureux et fier si vous pouviez entendre ce rappel d'une mémoire qui vous était chère et dont, toute votre vie, vous avez gardé le culte et respecté le modèle.

Cher Monsieur Masson, cette allure de grand Patron qui était la vôtre répondait aussi à un désir profond d'être dans votre Maison comme un père de famille parmi les siens. Votre Librairie c'était vous-même. Vous-même c'était la Librairie. Vos employés faisaient corps avec vos préoccupations les plus intimes. Combien d'entre nous ont connu, à certains moments, la force de votre appui et le souci que vous aviez de nous aider et de nous diriger même dans nos propres foyers. Cher Monsieur Masson, nous voici nombreux encore les Anciens de la Maison, parmi lesquels vous étiez « Notre Ancien », et permettez-moi de dire aux plus jeunes et aux derniers venus qu'en vous perdant ils ont perdu en vous un Chef, un Père et un Ami.

Nous vous disons un adieu très respectueux et unissons dans notre deuil la pensée de vos Enfants, de vos Associés de notre Maison, et encore de tous ces médecins et savants, qui, ayant fait de vous leur Éditeur, étaient tous devenus vos amis et élargissaient encore cette grande famille aujourd'hui si affligée.

O. Porée.

Allocution prononcée aux obsèques le 20 octobre 1928.

L'ÉMOTION, puis la douleur furent générales dans la corporation des éditeurs, lorsque, à la fin du mois d'octobre dernier, on apprit que la maladie dont souffrait Pierre Masson s'était dangereusement aggravée, et, quelques jours après, que le dénouement fatal s'était produit. Cette émotion et cette douleur, nul ne les a ressenties plus vivement que votre Président. Nous perdions un collègue qui, tant au Cercle de la Librairie qu'au Syndicat des Éditeurs, a tenu une place de premier plan. Sa mort éteignait une lumière. Permettez-moi d'ajouter qu'elle m'enlevait un ami à qui j'étais uni par le lien d'une affection profonde.

Je ne puis ici que résumer à grands traits une existence qui fut toute de travail acharné, et riche d'œuvres accomplies.

Fils de M. Georges Masson, qui, successivement, présida notre Cercle et la Chambre de Commerce de Paris, Pierre Masson, au sortir de l'École centrale, se forme à la profession d'éditeur sous la direction de son père. Il devient l'associé de celui-ci en 1896, et lui succède après sa mort, en 1900. La Maison Masson tient déjà une place considérable dans l'édition ; l'énergique impulsion de son nouveau chef la grandit encore. La guerre éclate. Notre collègue perd son associé, M. Bouchez, qui meurt en 1915.

La plupart de ses collaborateurs habituels sont mobilisés. Cependant, malgré les difficultés de l'heure, il parvient à continuer la publication régulière de ses périodiques, il assure la réimpression de nombreux volumes ; bien plus, il lance, sous le titre général de « Collection Horizon », une série d'ouvrages spécialement écrits pour les médecins aux armées. La paix venue, va-t-il se reposer de l'épuisant effort des années tragiques ? Non, il ira de l'avant, toujours ; aidé maintenant par son fils, par ses deux autres associés, nos collègues Talamon et Casalis, il attachera le nom de sa maison, tant dans le genre des publications médicales que dans celui des éditions scolaires, à des ouvrages remarquables par leur importance, par leur valeur, par leur présentation.

Cette trop rapide revue permet de mesurer le travail qu'a fourni Pierre Masson, labeur qui eût été écrasant pour une personnalité moins forte, mais qui n'épuisait pas son activité. Constamment, il a pris part à notre vie corporative, et nulle participation ne fut à la fois plus utile et plus brillante.

Membre du Cercle de la Librairie depuis 1891, il fut appelé au Conseil d'Administration en 1901. Trésorier de notre groupement, de 1902 à 1904, il en fut ensuite le Secrétaire général jusqu'en 1906. La section de médecine du Syndicat des Éditeurs le désigna comme premier délégué pour représenter cette branche de l'édition au Comité directeur du Syndicat. La confiance de ses confrères le maintint à ce poste où il fut constamment réélu. Il était également vice-président du Syndicat de la Presse périodique et membre de la Commission de contrôle à l'importation des papiers et pâtes de cellulose.

Dans ces divers conseils, il n'y avait pas de délibérations importantes où il n'intervînt. Sa lucide intelligence le menait dès l'abord au point central des problèmes étudiés. Fécond en idées, abondant en solutions ingénieuses, il exposait ses points de vue dans une forme savoureuse qui n'était qu'à lui, où un esprit étincelant, souvent teinté d'humour, animait une solide dialectique. Nul n'était écouté avec plus d'attention, avec plus d'intérêt, et, on peut le dire, avec plus de plaisir.

Cette voix s'est tue. Les mois écoulés n'ont pas suffi à m'habituer à son silence. Parfois encore, au Comité du Syndicat des Éditeurs, lorsque nous avons à résoudre de difficiles problèmes, instinctivement, pour solliciter un avis, je me tourne vers la place qu'occupait Pierre Masson. Hélas ! à cette place, je ne vois plus, je ne verrai plus mon ami.

M. Languereau.

Discours à l'Assemblée générale du Cercle de la Librairie, le 22 février 1929.

Nous avons dit, dans notre dernière « Chronique », le décès de M. Pierre-V. Masson, et l'émotion douloureuse provoquée dans la corporation du Livre par la fin si brusque et si prématurée de l'éminent éditeur. Nous tenterons aujourd'hui de résumer l'œuvre considérable qu'il a accomplie.

Petit-fils de Victor Masson qui reprit à son nom une vieille maison d'édition fondée en 1804, fils de M. Georges Masson, qui fut président de la Chambre de Commerce de Paris, et président du Cercle de la Librairie, Pierre Masson avait été préparé à sa carrière par de très fortes études. Brillant élève de l'École centrale, il s'était ensuite formé à la profession d'éditeur sous la direction de son père, dont, après avoir été le collaborateur pendant plusieurs années, il fut l'associé de 1896 jusqu'en 1900, date à laquelle il recueillit sa lourde succession.

Il serait trop long d'énumérer ici toutes les publications auxquelles Pierre Masson a attaché son nom.

Parmi les nombreux ouvrages qu'il a édités avant la guerre, une mention particulière est due à la *Pratique dermatologique* de Besnier, Brocq et Jacquet ; au *Traité de chirurgie d'urgence*, de Lejars, dont les illustrations, presque entièrement photographiques, étaient alors chose nouvelle, sans parler d'une importante collection de *Précis* dans laquelle tant d'étudiants ont appris la médecine.

La guerre, en lui enlevant son associé, M. P. Bouchez, mort en 1915, en éloignant de lui la plupart de ses collaborateurs habituels, rendit plus ardue encore la tâche de direction de Pierre Masson. Cependant, non seulement il put continuer à faire paraître la plupart de ses publications périodiques et réimprimer de nombreux volumes, mais encore il lança des ouvrages spécialement écrits pour les médecins aux armées. Ce fut la collection « Horizon », qui rendit tant de services aux médecins et chirurgiens militaires et qui, vers la fin des hostilités, comprenait une trentaine de titres.

Peu après la fin des hostilités, c'étaient le *Diagnostic clinique* et la *Thérapeutique clinique*, de Martinet, qui sortaient de sa maison, rencontrant auprès du public médical le plus grand succès qu'aient peut-être jamais connu ouvrages de ce genre. Dès 1918, il avait mis en train le *Nouveau Traité de médecine*, de Roger, Widal et Teissier, qui comprend vingt-trois volumes, et en 1925 il commençait la publication du *Traité de Physiologie*, de Roger, qui comprendra onze volumes.

Parmi les publications les plus remarquables auxquelles il attacha son nom, signalons encore deux splendides *Atlas de Radiologie clinique*, les premiers d'une importante série dont la publication se poursuit actuellement.

Si les éditions médicales firent l'objet principal de son activité, il se consacra également à la publication d'ouvrages scolaires, surtout d'enseignement supérieur et secondaire.

Les publications périodiques de la Librairie Masson, telles que *la Presse médicale* et *la Nature* comptent parmi les plus réputées de notre pays et ont accru à l'étranger l'influence et le renom de la science française. Quarante périodiques médicaux et scientifiques figuraient en 1900 au Catalogue de la Librairie. Leur nombre est actuellement de cinquante-quatre.

Cette trop rapide revue permet de mesurer le travail qu'a fourni Pierre Masson. Labeur qui eût été écrasant pour une personnalité moins forte, mais qui n'épuisait pas son activité. Constamment, il a pris part à notre vie corporative, et il y a joué un rôle de tout premier plan.

Membre du Cercle de la Librairie depuis 1891, il fut appelé au Conseil d'Administration en 1901. Trésorier de notre groupement de 1902 à 1904, il en fut ensuite le secrétaire général jusqu'en 1906. La section de médecine du Syndicat des Éditeurs le désigna comme premier délégué pour représenter cette branche de l'édition au Comité directeur du Syndicat. La confiance de ses confrères le maintint à ce poste où il fut constamment réélu. Il était également vice-président du Syndicat de la Presse périodique et membre de la Commission de Contrôle à l'importation des papiers et pâtes de cellulose.

Dans ces divers conseils, il n'y avait pas de délibérations importantes où il n'intervînt. Sa lucide intelligence le menait dès l'abord au point central des problèmes étudiés. Fécond en idées, abondant en solutions ingénieuses, il exposait ses points de vue dans une forme savoureuse qui n'était qu'à lui, où l'esprit le plus brillant, l'humour parfois, animaient une solide dialectique. Ses collègues sollicitaient son opinion ; nul n'était écouté avec plus d'attention, avec plus d'intérêt, et, on peut le dire, avec plus de plaisir.

M. P. Masson s'est consacré aussi à de nombreuses œuvres d'intérêt national, qui ne firent jamais en vain appel à son généreux concours. Trésorier de multiples sociétés, celles des Amis du Muséum, des Amis de la Faculté de Médecine, par exemple, il apporta aussi un actif concours au Comité national de Défense contre la Tuberculose dont il devint l'an dernier vice-président.

En ses derniers jours, notre collègue a pu trouver un suprême réconfort dans la certitude que son œuvre serait poursuivie par ceux qui l'ont aidé à l'accomplir : son fils Georges Masson et ses autres associés, MM. Talamon et Casalis. Nous leur renouvelons ici, ainsi qu'à toute la famille du grand éditeur disparu, l'expression de nos condoléances les plus vives.

M. P. Masson était officier de la Légion d'honneur.

Mes chers Collègues,

La mort du grand éditeur médical Pierre Masson, survenue hier, touche de près les membres de notre Société.

Pierre Masson n'était pas seulement, en effet, l'éditeur du Bulletin de notre Société, mais celui de nombreux périodiques, de nombreuses revues auxquels nous collaborons, de livres personnels qu'il avait accepté de publier.

Pierre Masson avait compris noblement son rôle d'éditeur médical, cherchant toujours à donner aux journaux, aux revues, aux livres qui sortaient de sa Maison une belle tenue scientifique, un grand cachet d'élégance.

Il a ainsi beaucoup contribué à diffuser la science médicale et l'on ne saurait oublier qu'il ne reculait devant aucun sacrifice quand il s'agissait de soutenir des périodiques dont l'allure scientifique nuisait quelquefois à la vente rémunératrice.

Il a permis à de nombreuses publications de franchir le cap difficile de l'après-guerre et a contribué ainsi à maintenir le bon renom de la science médicale française à l'étranger.

Nous ne saurions, d'autre part, oublier la part personnelle importante qu'il a toujours assumée dans l'organisation de la plupart de nos Congrès médicaux. Trésorier d'un Congrès, Masson devenait un élément de succès, il mettait à la disposition du Bureau toutes les ressources de sa puissante maison d'édition et toute son inlassable activité. Ceux qui ont été les secrétaires généraux de nos Congrès de médecine, en particulier, savent ce qu'ils lui doivent.

Ce même élément de succès, il l'avait apporté dans la dernière charge qu'il avait acceptée : au Comité National de défense contre la tuberculose il avait déployé un zèle, un dévouement, une ingéniosité d'esprit, qui s'étaient bientôt traduits par des résultats pratiques considérables, et sa disparition laisse un vide qui sera difficile à combler.

Pour beaucoup d'entre nous, Masson n'était pas seulement l'éditeur, mais aussi l'ami, et l'on aimait à aller passer quelques moments dans le grand cabinet du boulevard Saint-Germain où l'on devisait volontiers de tout ce qui intéressait non seulement la médecine, mais aussi la ville.

D'une très grande distinction personnelle, d'une très grande droiture professionnelle, d'une très grande sûreté dans ses relations amicales, Pierre Masson a été une belle figure dont nous garderons fidèlement le souvenir.

Que ses enfants, M. Georges Masson, M. et Mme Moeneclaey, que son beau-frère, notre président Teissier, que ses associés de la maison d'édition, veuillent croire à la part bien profonde que nous prenons au grand malheur qui les frappe.

FERNAND BEZANÇON.

Allocution de M. le Président à la séance du 19 octobre 1928 de la Société Médicale des Hôpitaux.

Le Comité de *La Presse Médicale* est en deuil. Il a perdu son chef et son animateur. Nous ne reverrons plus, à notre tête, cet homme si vivant, avec sa haute taille, son visage énergique, sa voix dominatrice, qui venait s'asseoir au milieu de nous, et qui était l'âme de ce journal, qu'il avait pris en mains dans des temps difficiles.

Car il avait tout ce qu'il faut pour mener les grandes affaires. C'était un de ces chefs aux vues larges et claires, capables des longues réflexions, comme des décisions rapides, qui ne se laissent intimider par aucune épreuve et dont les obstacles accumulés semblent au contraire stimuler le courage et redoubler l'énergie.

La mort de son père, comme lui trop tôt disparu, l'avait conduit tout jeune dans un poste où il sut rapidement donner sa mesure. Son esprit précis, son bon sens, son jugement, sa puissance de travail, sa volonté tenace, montrèrent bien vite à ceux qui le connaissaient que la place à laquelle l'avaient élevé des événements inattendus était celle qui lui était due.

Voilà quelque vingt ans que nous pouvions apprécier, aux séances de notre Comité, ces qualités, que je ne lui attribue que parce que j'ai pu me rendre compte, par moi-même, qu'il les possédait pleinement.

Il n'est aucun de nous qui n'écoutât les conseils de son

expérience, et ne se remît à lui avec la confiance qu'il inspirait, et qu'il méritait d'inspirer !

C'est surtout aux temps héroïques, à ces temps troublés de la guerre, que nous avons pu nous rendre compte de sa haute valeur.

Les calamités publiques l'affectaient profondément et quand, aux jours d'angoisse de 1918, le canon tonnait aux portes de Paris et quand souvent, le soir, le ciel noir de la grande ville était sillonné par les engins de mort, d'incendie et de destruction, il se demandait avec angoisse si quelque hasard malheureux ne viendrait pas anéantir en quelques instants ce qui avait été l'œuvre de toute sa vie. C'est alors peut-être qu'il nous donna le plus de preuves de sa fermeté d'âme, de son énergie morale, de sa résolution à faire front à toutes les catastrophes, si elles venaient à se réaliser. Et quand tout danger eut disparu, quand le calme fut revenu dans les cœurs et dans les esprits, et que nous vîmes tout à coup apparaître les difficultés grandissantes de la crise économique qui suivit les bouleversements de la guerre, il y fit face avec un esprit lucide et le clair sentiment des mesures qu'il fallait prendre pour triompher des difficultés qui nous assaillaient de toutes parts.

Pour moi, c'est dans ces circonstances presque tragiques qu'il a vraiment donné toute sa mesure.

Il avait suivi la trace de son père. Il sut développer et agrandir encore l'héritage magnifique qu'il en avait reçu.

Sa maison a largement contribué au développement des sciences médicales depuis un demi-siècle. En dehors des grandes publications scientifiques qu'elle a menées à bien, elle assurait la publication d'une foule de Bulletins périodiques, à commencer par ceux de l'Académie de Médecine et de la Société de Chirurgie, sans parler de cette admirable « Nature » si intéressante et si merveilleusement variée.

Il y aurait beaucoup à dire sur l'influence des grandes maisons d'éditions dans la diffusion extraordinaire des sciences médicales à laquelle nous assistons aujourd'hui. Que ferions-nous si nous ne trouvions à côté de nous des hommes comme lui, qui puissent recueillir nos travaux et nos pensées, et assumer la lourde tâche de les répandre à travers le monde?

Je suis d'ailleurs certain que, dans les nouvelles mains auxquelles la destinée vient de la confier, la maison qui lui survit continuera à être à la hauteur de ce grand devoir.

P. Masson avait conscience de la grandeur de cette tâche. Très averti lui-même des choses de la médecine par le commerce constant qu'il entretenait avec nous tous, il a, dans cet ordre d'idées, rendu de grands services à la science. Celle-ci n'oubliera pas le nom de ce bon serviteur qui a vaillamment contribué à répandre jusqu'aux extrémités de la Terre l'influence de la pensée nationale et la gloire de la médecine française!

J.-L. Faure.

Presse Médicale du 27 octobre 1928.

La *Revue Neurologique* porte aujourd'hui le deuil de son éditeur, Pierre Masson.

Sa mort rapide a ému le monde médical, où il comptait maintes relations, parmi lesquelles de solides amitiés. On eut peine à croire qu'une vitalité aussi ardente venait de s'éteindre. Le recueillement, mieux encore que l'affluence, de ceux qui assistèrent à ses obsèques, a bien montré la profondeur d'un regret unanimement ressenti.

La tristesse de la *Revue Neurologique* est particulièrement vive.

Pour elle, cette fin inattendue cause une brisure émouvante avec un passé déjà vieux de trente-cinq ans, pendant lequel elle a connu plusieurs passages difficiles. Si tous ont été franchis, et si cette Revue a pu conquérir sa notoriété actuelle, ce fut, pour une large part, grâce à l'appui constant du crédit, de la publicité, de l'organisation de la Maison Masson.

Le père de Pierre Masson avait donné le premier élan. Sur les instances de Brissaud et Pierre Marie, il accepta de publier en France un organe d'analyses des travaux sur le système nerveux. La rapide évolution de la Neurologie justifiait cette entreprise. Elle comportait cependant des risques, et, de fait, les premières années se soldèrent par des déficits. L'éditeur sans mot dire les combla.

Pierre Masson, en prenant la succession de son père, n'eut garde de renier les engagements de ce dernier. Il avait le respect d'une tradition familiale, maintenue pendant plus d'un siècle dans sa librairie : soutenir les publications scientifiques capables de rendre des services aux travailleurs, fussent-elles onéreuses. De cela les Masson se faisaient un point d'honneur. Pierre continua donc à subvenir aux besoins de la *Revue Neurologique*.

Il le fit sans lésiner, mais non pas sans y ajouter des prévisions pessimistes, car son exubérance se complaisait à pousser les choses au noir. Son premier réflexe était toujours de négation. Celui qui venait lui demander d'éditer un ouvrage recevait, dès l'abord, une rebuffade. Réaction éphémère : le projet était bientôt étudié, mis au point, réalisé, à la satisfaction de chacun. Aussi, en dépit de son accueil déconcertant, de ses propos souvent caustiques, Pierre Masson vit-il beaucoup d'auteurs devenir ses amis.

Les sinistres présages sur l'avenir de la *Revue Neurologique* ne se confirmèrent heureusement pas. Bientôt, celle-ci parvint à se suffire à elle-même, puis à compter de modestes bénéfices.

Rien n'eût été plus légitime pour l'éditeur que de remployer ces gains au remboursement de ses avances pendant les années déficitaires. Pierre Masson ne le voulut pas. Il proposa de consacrer les bénéfices à l'amplification de la Revue, et les Directeurs abandonnant, eux aussi, leurs parts, la situation financière permit un nouvel essor.

C'est ainsi que la *Revue Neurologique*, qui, à l'origine, en 1893, formait un volume annuel d'environ 700 pages, fut presque doublée au bout de dix ans (1 300 pages en 1903).

Lorsque se fonda la Société de Neurologie de Paris,

celle-ci choisit la *Revue Neurologique* comme organe officiel de ses comptes rendus. Le crédit scientifique de la publication y gagna beaucoup, Mais elle n'aurait pu remplir ce nouveau rôle si Pierre Masson n'avait accordé à la Société une hospitalité très libérale. Il n'eut pas à le regretter. Vingt ans après sa naissance, en 1913, la *Revue Neurologique* remplissait deux volumes par an, formant près de 1 800 pages. Et tandis qu'à ses débuts elle ne publiait que de courts articles avec de rares dessins au trait, on la vit accueillir d'importants mémoires, multiplier les photographies et les planches.

Pour qui connaît les charges que l'illustration impose à un journal, ce n'était guère le moyen d'accroître les bénéfices. Mais pour toutes les productions de sa maison, Pierre Masson avait de la coquetterie. Son goût, affiné par la fréquentation des milieux d'artistes (il avait épousé la fille du peintre-sculpteur Gérome et l'avait cruellement perdue à la fleur de l'âge), son souci de l'élégance, sa nature aristocratique, se révélaient sur sa personne, dans le cadre où il vivait, comme aussi dans tous les volumes issus de sa librairie. Le choix d'un titre et d'une couverture était l'objet de tous ses soins. Il ne lui suffisait pas qu'un livre fût bien imprimé, richement illustré, il lui voulait des dehors plaisants et de bon ton.

En 1914, la *Revue Neurologique* était en pleine prospérité, quand la guerre survint.

On se rappelle le désarroi où se débattirent alors toutes les publications périodiques. Beaucoup cessèrent de paraître, temporairement ou pour toujours. Une revue très spécialisée risquait de sombrer plus vite que les autres. Ses auteurs, ses analystes, le personnel de la librairie se trouvaient dispersés aux armées, et, pour comble de malchance, l'imprimerie en province était menacée par l'ennemi. Comment, dans ces dures circonstances, assurer le recrutement des articles, leur impression, la régularité des fascicules? A supposer qu'on y parvînt, conserverait-on, au cours d'une telle guerre, des abonnements pour assurer la vitalité de la Revue?

Devant une situation aussi incertaine, beaucoup eussent renoncé à réorganiser la publication, et surtout à risquer des avances dont on ne pouvait prévoir ni l'étendue, ni la durée.

Pierre Masson eut l'audace de tenir tête à l'orage. Il s'ingénia à parer à toutes les difficultés, il y réussit, et la *Revue Neurologique* continua de paraître. Par un surprenant coup du sort, la guerre même vint lui apporter des éléments imprévus de succès.

C'est l'époque où, hélas! les blessures des organes nerveux se multiplient. Médecins et chirurgiens découvrent une neuropathologie nouvelle : ils se hâtent d'en faire connaître les symptômes et les traitements. Les travaux affluent des Centres Neurologiques et Psychiatriques créés dans toute la France par le Service de Santé de l'Armée. Des Réunions Neurologiques interalliées se succèdent. Chacun souhaite que tant d'études éparses soient centralisées.

La *Revue Neurologique* pouvait rendre ce service, à condition de trouver les fonds nécessaires pour publier une aussi vaste documentation. Pierre Masson, une fois de plus, s'engagea à subvenir aux dépenses. Et c'est ainsi qu'aux heures les plus troubles, virent le jour une série de gros fascicules de la *Revue Neurologique* consacrés à la « Neurologie de guerre ».

Grâce à cette impulsion généreuse de son éditeur, la *Revue Neurologique* devait conquérir un regain de notoriété.

Et Pierre Masson put avoir la légitime fierté de constater que son geste avait contribué à grandir le prestige de la Neurologie française.

En rappelant ici les dettes de sa reconnaissance, la *Revue Neurologique* n'a songé qu'à rendre à celui qui vient de disparaître un hommage qui n'eût pas manqué de le toucher. On souhaiterait que l'évocation de ces souvenirs pût aussi apaiser, ne fût-ce qu'un instant, le chagrin des deux enfants de Pierre Masson.

HENRI MEIGE.

Revue Neurologique du 28 novembre 1928.

C'EST avec une douloureuse émotion que le monde scientifique et surtout le monde médical a appris la mort du grand éditeur Pierre-V. Masson, décédé le 18 octobre dernier à l'âge de soixante-trois ans.

La *Revue de la Tuberculose* ressent tout particulièrement ce deuil cruel et prématuré. Elle perd son éditeur, celui qui prit en mains ses destinées matérielles et fut en quelque sorte son tuteur ; elle perd aussi un ami précieux auquel elle veut rendre en ces quelques lignes un hommage de gratitude et de profond regret. Nombreux sont déjà ceux qui ont vanté à juste titre les éminentes qualités de Pierre-V. Masson. Ces éloges unanimes sont mérités ; ils ne font, hélas, qu'aviver la peine de le voir si tôt disparaître.

A trente-cinq ans, la mort de son père le met à la tête d'une des plus importantes maisons d'édition scientifique. La fortune lui souriait, il pouvait sans effort suivre le sillon tracé, tant était solide et bien assurée la situation de sa maison. Il a voulu faire mieux et il a réussi. Travailleur acharné, toujours le premier à son poste, payant d'exemple, il imprima à sa firme une telle impulsion et sut si bien, malgré les énormes et si angoissantes difficultés de l'après-guerre, la perfectionner et la développer, qu'il en a fait un modèle d'ordre, de méthode, d'intelligence dévouée mise au service de l'activité scientifique et médicale française. C'était un vrai chef ; il en avait tous les dons, sachant voir large et bien organiser, sachant aussi se plier aux moindres détails, car il était un technicien parfait. Ambitieux certes, mais surtout du bon renom et de la réussite de ses auteurs, il fut un des meilleurs agents de la propagande scientifique française à l'étranger. A tous ces titres, nous lui devons beaucoup, car on ne peut oublier qu'après la guerre la *Revue de la Tuberculose*, comme de très nombreuses revues, n'auraient pu vivre, ou plutôt revivre, si elles n'avaient eu l'aide matérielle et la merveilleuse organisation de la Maison Masson, qui avait confiance en l'avenir.

Cette lourde charge et ses multiples préoccupations ne suffisaient pas à son activité, il était en plus l'animateur et le trésorier-né de multiples œuvres sociales et de la plupart de nos Congrès. On accourait à lui et on trouvait, avec le solide bon sens et l'autorité d'un homme rompu aux affaires, l'organisateur expérimenté que rien ne rebutait. Que de services n'a-t-il pas rendus ainsi !

Cet homme vigoureux, au regard énergique, intimidait parfois et en imposait beaucoup au premier contact. Quel fin causeur, quel homme d'esprit charmant quand la glace était rompue, et quel fidèle ami quand il avait donné sa confiance !

Et puis il était bon, extrêmement bon, mais il fallait beaucoup le connaître pour découvrir ce jardin secret d'un cœur compatissant à toutes les détresses qu'il savait si bien et si largement aider et avec quelle délicate discrétion.

Son nom reste, c'est la garantie d'un labeur obstiné, d'un désir toujours plus grand de perfection pour le plus grand bien de la science française.

Que M. Georges Masson, que ceux qui avec lui vont maintenant diriger la Maison agréent, avec nos condoléances émues, l'expression de notre fidèle et affectueux attachement.

A. COURCOUX.

Revue de la Tuberculose, octobre 1928.

La mort de Pierre Masson met en deuil les *Annales de Médecine*, dont il fut l'un des fondateurs.

Avec lui disparaît l'une des figures les plus originales de l'édition médicale française ; l'une de celles qui furent le plus intimement liées au mouvement scientifique moderne.

Bien qu'il ne fût pas médecin, il était devenu l'une des personnalités les plus populaires et les plus connues du monde médical parisien, tant ses préoccupations et les nôtres étaient communes.

Pierre Masson prit une part active à la création de ces *Annales*. Elles étaient pour lui un objet de luxe, un joyau dont il avait voulu parer sa maison ; aussi mit-il tous ses soins à les maintenir au rang où nous avons voulu les placer.

En écrivant ces lignes, mon souvenir se reporte à cet été de 1913 où, lors d'un séjour en Savoie, j'entretins pour la première fois Pierre Masson de notre désir de créer une nouvelle Revue médicale, destinée à publier des mémoires originaux et des revues critiques abondamment et richement illustrés. Il fut séduit par ce projet, et, au retour des vacances, notre Comité était constitué.

Les *Annales de Médecine*, dont le premier numéro paraissait le 15 janvier 1914, allaient connaître bientôt les difficultés créées par les années de guerre et d'après-guerre.

Pierre Masson fut alors pour nous, — plus particulièrement pour moi qui avais, à l'époque, la charge de la rédaction, — un appui ferme et un conseiller avisé.

Il fut un éditeur de haute compétence et de goût, qui savait étudier à fond les projets qui lui étaient soumis et discerner ceux qui méritaient d'être retenus.

Il avait compris la nécessité de suivre l'évolution de notre époque, bien que l'empreinte de son éducation première le retînt plutôt attaché aux idées et aux coutumes de la fin du siècle dernier.

Il avait les qualités d'un chef et possédait un très haut sentiment du devoir.

Sa tendance d'opposer souvent un refus à la proposition nouvelle n'était chez lui qu'une façon de s'accorder le temps de la réflexion, et ses réactions, parfois un peu vives, n'étaient que l'expression d'une nature primesautière et émotive.

Mais il était surtout l'ami qu'on se plaisait à rencontrer aux cérémonies officielles, aux séances de comités, et plus encore dans l'intimité de nos foyers.

Sa maison du boulevard Saint-Germain est devenue pour nous un « foyer médical » où l'on aime à retrouver collègues et amis, à échanger ses impressions sur les événements du jour, qu'ils intéressent la Faculté ou la Politique.

Qui de nous ne le voit encore le matin, à l'heure du courrier, entr'ouvrant la porte de son cabinet d'un geste brusque, pour appeler ses chefs de service, à l'heure où les auteurs apportent leurs copies, leurs corrections d'épreuves ; où les secrétaires de rédaction viennent faire le numéro de leur journal? Bien souvent, il venait à nous l'air grave et nous faisait part de l'objet de ses préoccupations. Puis la conversation s'engageait à bâtons rompus sur les sujets les plus divers vers lesquels l'attirait sa curiosité qui était grande; son visage s'éclairait alors, tandis qu'il animait la discussion par quelques réflexions toujours originales, souvent pleines d'humour, parfois aussi empreintes d'un certain pessimisme.

Ceux qui le virent, chez lui, au cours de ces longues semaines de l'été dernier, durant lesquelles il fut tenu immobilisé par la maladie, ont pu se rendre compte de la fierté et de la noblesse de son caractère. Et ce fut avec joie que ses amis le virent reprendre son travail, en ces débuts d'octobre, dans cette maison qui était, pour lui, le centre de ses préoccupations. Mais hélas, tandis que sa santé semblait s'être raffermie, il fut enlevé brutalement, par une affection qui ne lui laissa point le temps de connaître les angoisses de la mort.

Le Comité des *Annales de Médecine* prend une large part au deuil qui frappe si douloureusement ses enfants, M. Georges Masson, Mme et M. Moeneclay, ainsi que ses Associés.

C'était pour nous, un pieux devoir, que de rappeler ici les liens qui nous unissaient à Pierre Masson dont le souvenir restera attaché à la création et au développement de ces *Annales*.

Nos lecteurs comprendront sans doute aussi, qu'au nom de l'amitié, j'aie laissé parler mon cœur.

GUSTAVE ROUSSY.

Annales de Médecine, novembre 1928.

La mort imprévue, à soixante-trois ans, de Pierre Masson, est pour nos *Annales* une épreuve des plus douloureuses et une grande perte. Le chef de la Maison Masson et Cie, était pour nous plus qu'un éditeur ; nous avions en lui le conseiller le plus avisé, le directeur le plus expert, l'ami le plus dévoué. J'ai à cœur, au nom de nos collègues et de tous nos collaborateurs, d'apporter à sa mémoire l'hommage de notre sincère reconnaissance.

Pierre Masson s'était trouvé, bien jeune encore, en 1900, par la mort prématurée de son père Georges Masson, placé à la tête de la grande entreprise d'éditions, vieille de plus d'un siècle, que son grand-père Victor avait dirigée déjà. Cette dynastie d'hommes éminents, dont la haute intelligence, la parfaite honorabilité et le dévouement à la science et à leur pays avaient donné à leur œuvre un développement considérable et une réputation mondiale, trouvait en lui un héritier hautement qualifié pour s'acquitter de la tâche qui lui incombait.

L'homme qu'il était, nous laissera, ainsi qu'à tous ceux qui l'ont connu, un souvenir ineffaçable d'énergie tenace, de volonté intelligente et de droiture. Sa haute taille, son regard pénétrant, l'impression d'autorité qui se dégageait de sa personnalité, étaient de nature à intimider ou à imposer une grande réserve à ceux qui l'approchaient pour la première fois. Mais bien vite on était gagné à la confiance, en constatant la largeur de ses vues, son expérience des hommes et des choses, et son extrême bonne volonté ; sa prédilection pour les solutions nettes et rapides ne l'empêchait pas de rester accessible aux objections fondées et disposé à modifier après réflexion une décision qui avait paru irrévocable. Il avait surtout une idée très haute, pleinement justifiée d'ailleurs, du rôle qui lui appartenait comme éditeur scientifique français et la ferme résolution de le remplir consciencieusement.

Nos *Annales*, qui avaient été fondées en 1868 par A. Doyon avec le concours de Victor Masson, ont constamment trouvé, dans les chefs successifs de la Maison, l'appui le plus éclairé et le plus sympathique. Celui dont nous déplorons la perte appréciait hautement l'intérêt scientifique et patriotique de notre publication. Tout en ne négligeant rien pour sa prospérité matérielle, il recherchait avant tout sa bonne tenue, sa valeur documentaire et son bon renom dans la dermato-syphiligraphie mondiale. Aucun de nous ne pourra oublier ces séances de notre Comité de publications où notre éditeur écoutait avec attention nos suggestions, — pour terminer en sortant de sa serviette un projet de réforme où tout était prévu. Le travail matériel, les efforts d'organisation et de mise en œuvre des améliorations que nous avons progressivement apportées à nos *Annales*, ont exigé de sa part une activité et une persévérance dont nous lui devons une profonde gratitude.

La volonté de servir la science en général, la science médicale en particulier et la propagande scientifique française à l'étranger, est de tradition constante à la Maison Masson. Toute œuvre d'une certaine portée, même si la publication doit en être plus onéreuse que rémunératrice, est assurée d'y être accueillie et mise en valeur ; comme preuve de ce désintéressement, qu'il me suffise de rappeler notre grande *Pratique dermatologique*, destinée à fixer l'état de notre science à la fin du siècle dernier, et la vente à perte des périodiques scientifiques français dans les pays à change élevé après la grande guerre ! Qu'on songe aux difficultés de tout ordre qu'ont rencontrées et surmontées les éditeurs de plus de cinquante périodiques médicaux et scientifiques aux jours de la catastrophe mondiale !

Celui qui a si dignement accompli cette lourde tâche a succombé à la peine. Il laisse le souvenir d'un grand ami et d'un fidèle serviteur de la science et de la France. Je ne mets pas en doute que ceux qu'il s'est choisis pour collaborateurs et successeurs, et que son fils Georges, auxquels nous exprimons toute notre sympathie, ne tiennent à honneur de suivre son exemple et qu'ils n'y réussissent pleinement pour la gloire de la médecine et de la dermatologie françaises.

J. Darier.

Annales de Dermatologie, novembre 1928.

En annonçant aux lecteurs de cette Revue — il y a vingt-huit ans ! la mort de son éditeur, Georges Masson, je rappelais le précieux concours qu'il avait apporté au petit groupe d'hommes qui avait voulu, dix ans plus tôt, fonder *L'Anthropologie*, et dont Salomon Reinach et moi sommes les derniers survivants.

A cette époque, j'étais bien loin de me douter que j'aurais un jour le triste privilège d'adresser également à son fils et successeur un dernier adieu. C'est avec une vive émotion que je m'acquitte aujourd'hui de ce devoir, rendu particulièrement pénible par le souvenir de longues et toujours affectueuses relations.

Pierre Masson, né en 1865, est mort à Paris le 18 octobre 1928. Il n'avait donc que soixante-trois ans et, bien qu'il fût souffrant depuis quelques mois, rien ne pouvait faire prévoir une fin si brusque.

Ancien élève de l'Ecole centrale, muni d'une forte instruction scientifique et technique, Pierre Masson travaillait depuis peu dans la maison de son père quand, en 1900, il fut appelé à la diriger. Il ne tarda pas à s'y affirmer comme un vrai chef. Tout en conservant les excellentes et généreuses traditions que lui avaient léguées ses ascendants et qui avaient valu à la librairie Masson une réputation mondiale, il sut donner à cette maison une impulsion nouvelle, grâce à un labeur régulier, à de grandes qualités d'ordre, à des méthodes plus modernes de travail, à une grande finesse de jugement.

Sous sa direction, le champ d'action de la librairie prit encore de plus vastes proportions et s'étendit dans des directions nouvelles. Que de publications de toutes sortes, livres ou périodiques, qui, sans lui, sans ses conseils et souvent sans son aide matérielle, n'auraient pu voir le jour ! En favorisant ainsi la diffusion de la pensée scientifique française, il a rendu les plus grands services à notre pays.

D'une taille élevée, d'une belle prestance, avec une physionomie énergique, il paraissait d'abord assez distant. Son accueil, un peu froid, en imposait aux jeunes auteurs qui le voyaient pour la première fois. Mais il n'était redoutable qu'en apparence. L'homme était au fond d'une grande bonté qui ne tardait pas à se révéler. Et lorsqu'on avait gagné sa confiance et son amitié, c'était pour toujours.

Ainsi s'explique le choix qu'il avait su faire, de bonne heure, de collaborateurs excellents qui continueront, avec son fils Georges, représentant aujourd'hui de la quatrième génération des éditeurs Masson, à assurer le développement matériel et la prospérité morale de leur grande maison. La nouvelle équipe possède l'estime et la sympathie de toute une phalange d'auteurs dont je m'honore — non d'ailleurs sans mélancolie — de compter parmi les doyens.

A M. Georges Masson, à sa famille, à ses associés et à tous ses collaborateurs, *L'Anthropologie* tient à exprimer ses vives et cordiales condoléances.

MARCELLIN BOULE.

L'Anthropologie, novembre 1928.

La mort de Pierre Masson est une épreuve douloureuse et une grande perte pour cette Revue dont il était l'éditeur, pour le Comité national dont il était l'un des vice-présidents et pour le Comité d'organisation des Congrès nationaux de la tuberculose dont il était le trésorier permanent ; à ce triple titre, c'est un pieux devoir pour nous d'apporter ici à sa mémoire notre tribut de regrets et de reconnaissance.

Il nous souvient de la visite que nous lui fîmes, au nom du Comité national, pour lui proposer d'éditer cette Revue. C'était au lendemain de la guerre, et déjà se manifestaient les embarras de notre situation financière ; nous voyons encore le grand éditeur dans son cabinet du boulevard Saint-Germain, meublé avec une classique et sobre élégance, assis près de ce guéridon Empire, sur le marbre duquel les plus illustres représentants de la médecine française contemporaine sont venus déposer les manuscrits de leurs travaux, nous le voyons, dis-je, avec sa voix dominatrice — harmonieux accompagnement de son geste autoritaire, — nous exposer toutes les difficultés de l'entreprise que nous lui proposions. Mais, après que nous lui eûmes montré combien était nécessaire la création d'un organe médico-social, destiné à diffuser sur notre territoire et même chez nos voisins le plan méthodique et rationnel de lutte anti-tuberculeuse élaboré pendant la guerre, afin de coordonner les efforts et de hâter les réalisations, il comprit aussitôt l'intérêt national du projet et accepta d'en assurer l'exécution, malgré qu'elle dût être, au moins à ses débuts, plutôt onéreuse que rémunératrice. Depuis lors, il n'a pas cessé de nous prodiguer les conseils les plus éclairés et, en apportant de constantes améliorations à la publication de cette Revue, il a contribué pour une large part à développer son succès.

Pierre Masson remplissait depuis trois ans les fonctions de vice-président du Comité national et était chargé de la gestion de nos finances. Il a apporté dans cette lourde tâche une compétence et un dévouement dont nous apprécions déjà les féconds résultats. Arrivé parmi nous au moment où le Comité, en raison de son développement continu, se trouvait dans l'obligation de quitter la petite maison de la rue Notre-Dame-des-Champs, dont l'exiguïté et l'encombrement constituent un véritable défi à l'hygiène, il a pu, dans un délai relativement court, malgré de longues et laborieuses tractations, organiser des locaux convenables, strictement adaptés aux besoins des divers services, il en a lui-même surveillé la construction et l'agencement; pourquoi faut-il qu'un mauvais destin le prive aujourd'hui de la joie d'en voir l'achèvement?

L'organisation budgétaire du Comité et son contrôle financier l'occupaient, au moins à certaines époques, presque autant que la direction de sa maison d'édition. Aux séances du Bureau, lorsqu'une question de sa compétence venait à être examinée, il ne formulait point de propositions hâtives, mais on le voyait sortir de sa large serviette un dossier qu'il avait longuement étudié et, après avoir exposé avec netteté les divers éléments de la question, il énonçait des conclusions, qui apparaissaient marquées au coin d'un si judicieux bon sens, que le plus souvent elles étaient immédiatement adoptées sans discussion.

Enfin, depuis la fondation des Congrès nationaux de la tuberculose, dont le premier remonte à 1888 — il y a quarante ans, — il en a toujours été le trésorier. Il ne se contentait pas d'assumer la charge de la gestion financière, il mettait en outre à la disposition du Comité d'organisation toutes les ressources de publicité que possède la puissante organisation de sa maison. Les Secrétaires généraux de ces Congrès savent la part considérable qui doit lui être attribuée dans le succès de ces réunions nationales.

Pierre Masson, grâce à l'idée très haute qu'il a eue de son rôle d'éditeur scientifique, grâce à la largeur de ses conceptions, grâce à l'intelligence et à la ténacité de son travail, a contribué à répandre à travers le monde l'influence de la médecine française : il mérite d'être rangé parmi les grands serviteurs du pays et de la science.

Que son fils Georges et que ses associés, dignes continuateurs de son œuvre, et dont chacun de nous a pu depuis longtemps apprécier la distinction de l'esprit et l'opiniâtreté dans le labeur, veuillent trouver ici l'expression émue de notre sympathie et qu'ils sachent bien que notre cœur conservera la mémoire de celui qui aurait pu prendre pour devise cet apophtegme de Shelley : « La joie de la vie est dans l'action. »

G. Poix.

Revue de Phtisiologie, novembre 1928.

TRÈS peu après l'apparition de notre dernier numéro, le 18 octobre, M. Pierre-V. Masson, éditeur de *La Nature*, est mort. Il a été emporté brusquement après quelques jours seulement de maladie, alors que sa santé robuste n'avait jamais suscité aucune inquiétude et que sa haute intelligence, son activité incessante donnaient à tous l'impression d'un chef, plein d'ardeur et aussi de charme, d'aménité, auprès duquel nous étions si heureux de collaborer que nous n'avions jamais imaginé le malheur d'une séparation brutale.

Masson était de la race des grands éditeurs et des grands bourgeois de Paris.

Après son grand-père, son père avait donné à la librairie qui porte leur nom une importance et une célébrité mondiales. Les grandes publications scientifiques et médicales du XIXe siècle sont pour la plupart sorties de leur maison et leur action pour la propagande de la pensée française à l'étranger est de tout premier ordre. Georges Masson, son père, mourut en 1900, commandeur de la Légion d'Honneur, président de la Chambre de Commerce de Paris, laissant à son fils une lourde et glorieuse succession.

Pierre Masson y était préparé par ses études (il avait

été un brillant élève de l'École Centrale), et par la connaissance qu'il avait déjà acquise des questions si complexes et si délicates que soulève l'édition des œuvres scientifiques : choix des sujets, choix des auteurs, d'abord, puis questions techniques de présentation : papier, caractères, illustrations, mode d'impression, de tirage, de brochage ; enfin questions commerciales d'organisation, de vente, de propagande. On peut dire que par la haute tenue de ses publications aussi bien que par le soin apporté à leur présentation, la librairie Masson a apporté à la science française un concours, une aide qui ont puissamment agi sur le mouvement des idées aussi bien que sur leur diffusion dans tous les milieux.

De cette librairie, Pierre Masson était l'âme. Présent à son bureau du matin au soir, suivant de près l'activité de tous les services, en contact journalier avec les plus grands savants et médecins de notre époque, aimable et bienveillant pour les jeunes, il savait choisir, orienter, diriger aussi bien les intelligences que les rouages multiples d'une grande maison d'éditions.

Pendant la guerre, privé de presque tous ses collaborateurs, il assuma à lui seul la lourde charge de toute la librairie et notamment la direction entière de *La Nature*, rendue plus difficile encore par les exigences de la censure.

Son activité ne se bornait pas à ces devoirs professionnels, il participait activement aux travaux du Cercle de la Librairie. Aucune œuvre utile ne faisait en vain appel à son concours : il fut le trésorier de multiples Sociétés, celle des Amis du Muséum, par exemple ; enfin il avait consacré une large part au Comité national de lutte contre la tuberculose, dont il était vice-président.

Il meurt officier de la Légion d'Honneur.

De son mariage avec une des filles du peintre Gérome, il avait eu deux enfants. A ceux-ci, à ses associés, nous tenons à exprimer, au nom de *La Nature*, notre douleur et nos condoléances émues.

LA RÉDACTION.

La Nature 1er novembre 1928.

PIERRE MASSON vient de mourir, emporté en trois jours par une congestion pulmonaire. Et c'est un éditeur de grande classe qui disparaît.

Sa mort sera durement ressentie par le monde de la Librairie où il occupait une place éminente, par le monde Médical aussi, dont il fut le collaborateur, l'appui et souvent le conseil.

Il tenait de son père une maison d'édition respectée, où se donnaient déjà rendez-vous l'Académie et les Hôpitaux, où Charcot avait fondé les *Archives de Médecine expérimentale* et Bouchard, le *Journal de Pathologie générale* et où Dieulafoy publiait chaque année une nouvelle édition de son « Manuel de Pathologie interne ».

Masson consacra à sa maison presque tout son temps, son intelligence et son activité, conserva facilement les amitiés de son père et les étendit, acquit la *Presse Médicale* que Naud avait fondée, entreprit des périodiques nouveaux qui, chacun, occupent une place importante, édita des leçons, des traités, des précis dont il sut assurer le succès. Il fut le collaborateur obligé de presque tous les Congrès, le trésorier de presque tous les Comités et reçut la vice-présidence du Syndicat de la Presse périodique qu'il dirigeait effectivement.

Il aimait ce qui est beau, bien présenté et élégant ; il détestait le médiocre ou le mesquin.

Il voyait grand et se laissait souvent séduire par de vastes projets pourvu qu'ils procédassent d'une idée neuve et alors même qu'ils fussent quelque peu osés. On en peut voir la preuve dans la publication qu'il fit du premier grand « Traité de médecine » sous la direction de Charcot-Bouchard.

C'est à lui et à son exemple, au moins en grande partie, que le livre de médecine français doit sa rénovation et sa perfection et son nom reste inséparable de notre succès à l'étranger et de notre prestige.

Son teint bronzé, ses yeux noirs, et toute sa personne avaient quelque chose d'oriental. La main au coin de son binocle, il regardait de haut le jeune auteur qui lui apportait son travail et n'était pas sans l'impressionner.

De la première entrevue, on sortait un peu surpris; mais c'était le premier contact. A la visite suivante, la glace était rompue et la conversation se terminait par une poignée de main qui avait la franchise et la solidité d'un pacte.

Je dois à mon maître Dieulafoy de me l'avoir fait connaître. J'ai depuis trente ans pas mal publié chez lui et je n'ai garde d'oublier l'accueil qu'il m'a fait dès mes débuts déjà lointains.

C'est pour moi un devoir de saluer sa dépouille, de rendre hommage à sa mémoire et d'exprimer à sa famille et à ses collaborateurs, qui sont des amis, toute la sympathie du *Progrès Médical*.

MAURICE LOEPER.

Progrès Médical, 27 octobre 1928.

Un grand malheur vient de frapper la librairie parisienne. M. Pierre-V. Masson a été brusquement enlevé par une courte maladie à l'affection des siens et de tous ses collaborateurs. Que M. Georges Masson, son fils, MM. Robert Talamon et Casalis, ses associés, veuillent bien trouver ici l'expression renouvelée de nos condoléances les plus émues.

Né à Meudon le 21 juin 1865, préparé par de brillantes et solides études à la lourde tâche qu'il avait à remplir, M. P.-V. Masson, au sortir de l'École Centrale, succéda à son père Georges Masson, décédé en 1900, commandeur de la Légion d'honneur et Président de la Chambre de Commerce de Paris.

Très au courant de tous les rouages commerciaux d'une grande librairie, de tous les détails techniques et complexes de l'industrie du livre, M. Masson avait su donner à la maison dont il assumait allégrement la direction une réputation mondiale. Par les ouvrages médicaux à l'exécution impeccable qu'il éditait, par les journaux professionnels à grands tirages, par les multiples bulletins des sociétés savantes dont il assurait la publication, tels que ceux de l'Académie de médecine, de la Société de chirurgie, de la Société médicale des hôpitaux, il servait efficacement l'expansion universelle de la science française.

Le premier arrivé dans ses bureaux du boulevard Saint-Germain, il en repartait le dernier. Courtois, serviable et bon, il savait garder toute l'autorité incontestable du maître. Sa grande intelligence et sa vaste expérience, unies à un jugement très sûr, lui permettaient de résoudre les multiples problèmes qui se posaient à lui chaque jour. M. J.-L. Faure, qui le connaissait bien, a pu dire de lui : « Il avait tout ce qu'il faut pour mener les grandes affaires. C'était un de ces chefs aux vues larges et claires, capables des longues réflexions comme des décisions rapides, qui ne se laissent intimider par aucune épreuve et dont les obstacles accumulés semblent au contraire stimuler le courage et redoubler l'énergie. »

Mais, quand il avait accompli son devoir quotidien de directeur et d'animateur, M. Pierre-V. Masson ne considérait pas sa tâche comme terminée. Sa haute situation, pensait-il, lui commandait de donner encore une partie de son temps et de ses peines aux grandes œuvres de bienfaisance et de solidarité sociales. Aussi était-il un des membres les plus actifs du Cercle de la Librairie, était-il trésorier de la Société des Amis du Muséum et vice-président du Comité national contre la tuberculose.

Trop prématurément, le sort aveugle a frappé le chef dans toute sa puissance. Mais à ses successeurs ce chef laisse le noble exemple de toute une vie de labeur fécond et de haute probité.

La Rédaction.

Revue de Stomatologie, novembre 1928.

La mort inattendue et prématurée de Pierre Masson est un deuil pour le *Journal de Chirurgie* et pour son comité de rédaction. M. Masson n'était pas seulement l'éditeur du *Journal*; il en était l'ami et le conseiller.

Lorsque, voici vingt ans, nous vînmes exposer à Pierre Masson et à son collaborateur Bouchez, trop tôt disparu, notre projet de créer en France un nouveau périodique chirurgical qui, avec des articles originaux sur des sujets d'actualité et des revues générales, réserverait une place prédominante aux analyses et tiendrait ainsi les chirurgiens de langue française au courant des travaux importants parus dans le monde entier, ils comprirent notre but, épousèrent nos idées et, du premier coup, nous firent confiance pour les mettre à exécution. Ils acceptèrent d'éditer le nouveau *Journal de Chirurgie*, malgré les difficultés et les aléas d'une telle entreprise, et ils nous apportèrent une aide puissante grâce aux moyens matériels et à la publicité de la Maison.

Le *Journal* une fois créé, Pierre Masson en suivit le développement avec une attention éclairée et sympathique. Avec nous, il se félicitait de voir augmenter le nombre des abonnés, s'affirmer la notoriété et l'autorité de la publication. Il lui apportait tous ses soins et ne lui refusait aucun encouragement, aucune amélioration d'ordre matériel.

Pendant les années de guerre et d'après-guerre où s'accumulèrent les difficultés de tout ordre, où manquaient et le papier, et les collaborateurs, Pierre Masson fut le premier à nous pousser à persévérer dans notre œuvre, à la poursuivre malgré tous les obstacles et à en assurer ainsi la continuité. Et maintenant, il s'applaudissait avec nous de voir le *Journal* se répandre de plus en plus, à l'étranger comme en France, et il cherchait encore les moyens d'en augmenter la diffusion, d'en améliorer la valeur.

Nous pensions pouvoir compter longtemps encore sur son amicale collaboration : la mort est venue l'interrompre. Nous tous qui avons travaillé avec lui à la fondation et au développement du *Journal de Chirurgie*, nous conserverons de Pierre Masson le souvenir d'un éditeur qui savait entreprendre, risquer même et qui, en tous cas, cherchait toujours à parfaire l'œuvre commencée.

La Rédaction.

Journal de Chirurgie, novembre 1928.

La disparition de notre éditeur, inattendue pour tous, douloureuse pour ses amis, atteindra plus profondément encore ceux d'entre nous qui connaissaient le réel intérêt qu'il a témoigné, dès l'abord, au projet de création de nos *Annales* et la part effective qu'il prit ensuite dans sa réalisation.

C'est à lui, c'est à son aide matérielle et à sa participation financière, que nous devons, on le sait trop peu, d'avoir trouvé les difficultés pratiques du début singulièrement simplifiées.

En effet, lorsqu'il s'agissait d'une œuvre de propagande française dans le domaine médical, non seulement il prodiguait les conseils judicieux d'une expérience acquise par la publication de nombreuses revues, mais il apportait le plus réel des désintéressements, participant à la mise en œuvre, secondant lui-même les efforts.

Ses connaissances techniques, tant dans l'industrie que dans le commerce du livre, justifiaient la confiance de chacun dans ses avis, dont la franchise coutumière réconfortait les hésitants, ouvrait les yeux des incompétents, et ne pouvait décevoir que les doctrinaires, unilatéralement convaincus d'une supériorité toute subjective.

La conception générale de l'organisation d'une maison comme la sienne n'excluait point chez lui le souci du détail minutieux, et chaque jour il avait à cœur d'en vérifier lui-même toutes les nuances.

Enfin son attitude, à la fois distinguée et autoritaire, en faisait un vrai chef.

A son fils, Georges Masson, à ses associés, MM. Talamon et Casalis, qui ont vécu à ses côtés, auxquels échoit aujourd'hui la lourde tâche de poursuivre son œuvre, nous adressons l'expression de nos condoléances profondément émues.

Il est certain que, grâce à eux, l'hommage le plus précieux sera rendu à la mémoire de cet ardent pionnier de notre propagande scientifique, dans la survie de l'esprit à la fois traditionnel et novateur d'une grande maison d'édition médicale française.

LUCIEN CORNIL.

Annales d'Anatomie pathologique, janvier 1929.

Comme toutes les publications scientifiques qui sortent de la grande maison d'éditions du boulevard Saint-Germain, la *Revue d'Hygiène et de Médecine préventive* tient à rendre hommage à la mémoire de M. Pierre Masson dont la mort si soudaine prive notre Comité de rédaction d'un conseiller très sûr et d'un ami qu'affectionnaient tous ceux qui avaient appris à le connaître.

Le père de Pierre Masson, M. Georges Masson, avait présidé à la naissance de notre Revue, fondée par Vallin, en 1899. Lorsque, plus tard, Pierre Masson prit en mains sa direction administrative avec A.-J. Martin d'abord, puis A.-J. Martin et A. Calmette, puis avec A. Calmette et Léon Bernard comme directeurs techniques, comprenant le rôle considérable qu'un tel organe scientifique pouvait et devait jouer dans l'évolution de l'hygiène moderne, il s'ingénia à grouper les savants, médecins ou biologistes, ingénieurs ou architectes, pastoriens ou professeurs d'hygiène de nos Universités, dont les travaux originaux ou l'enseignement étaient susceptibles de faire réaliser quelque progrès à l'art d'améliorer les conditions de la vie humaine.

Nos lecteurs savent quels succès ont couronné ses efforts. Tous partagent notre peine, s'associent à nos regrets. Tous se joignent à nous pour exprimer à la famille et aux associés de Pierre Masson, qui continuent son œuvre, l'expression de notre douloureuse et affectueuse sympathie.

Le Comité de Rédaction.

Revue d'Hygiène et de Médecine préventive, décembre 1928.

NOTRE éditeur, M. Pierre Masson, vient de succomber à la suite d'une affection pulmonaire aiguë. C'est avec un sentiment de profonde tristesse que la Rédaction de cette Revue annonce cette mort imprévue à ses lecteurs.

D'une intelligence vive, d'un abord agréable, Masson était le parfait éditeur. Avec lui, les discussions n'étaient jamais longues. Lorsqu'on lui faisait une proposition, il restait pensif une ou deux minutes, puis, si l'affaire proposée lui semblait bien conçue, il l'acceptait immédiatement. Dans le cas contraire, il demandait 24 heures de réflexion et, le lendemain, il donnait les raisons de son refus, ou, le plus souvent, proposait des modifications à apporter au projet qui lui avait été soumis, et, toujours, ces modifications étaient justes. Les idées nouvelles qu'il apportait étaient toujours marquées au coin du bon sens et inspirées par la grande connaissance qu'il avait des affaires de librairie.

Jamais, avec lui, il n'y avait de conversations oiseuses, inutiles, n'aboutissant à rien. Les décisions qu'il prenait étaient nettes et précises. Masson était un chef dans toute l'acception du terme.

Les rédacteurs de cette Revue ont toujours profité de ses conseils éclairés ; ils s'efforceront de continuer à marcher dans la voie où il les a engagés, à améliorer chaque année la publication dont il a guidé les premiers pas, de manière à la rendre de plus en plus importante. Ce sera, pour nous, le meilleur moyen d'honorer sa mémoire.

HENRI HARTMANN.

Gynécologie et Obstétrique, novembre 1928.

La rédaction de la *Revue d'Orthopédie* qui, l'an passé, à pareille date, avait à déplorer la perte de son directeur et fondateur, le professeur Kirmisson, est de nouveau en deuil ; elle vient de perdre son éditeur, M. Pierre Masson.

Il fut mêlé si intimement à la vie de notre Journal que nous le considérions comme un des nôtres. Il apportait à nos travaux le concours le plus dévoué, les encouragements les plus précieux. Quand la publication de notre *Revue,* quelque temps suspendue pendant la guerre, reprit un cours normal, M. Masson sut lui infuser une vigueur nouvelle et, d'année en année, il constatait avec satisfaction son succès croissant.

Lorsqu'on a vu de près, comme je l'ai vu, l'activité inlassable, la promptitude de décision, la sûreté de jugement d'un Pierre Masson, on comprend mieux le rôle considérable que peut jouer un éditeur dans la diffusion des progrès scientifiques.

M. Masson était au physique et au moral le type du chef qui sait tout à la fois en imposer et se faire aimer. Grand, bien découplé, la figure expressive où dominaient de beaux yeux très doux, il émanait de toute sa personne une autorité persuasive qui forçait la sympathie.

Grâce à une intelligence ouverte à toutes les nouveautés, à une audace entreprenante qui triomphait de tous les obstacles, il avait su assurer à sa maison d'édition une réputation mondiale que maintiendront sans nul doute son fils, M. Georges Masson, et ses associés MM. Talamon et Casalis.

Nous prions ceux-ci d'agréer l'expression de nos condoléances émues. Nous sommes sûrs de trouver en eux des collaborateurs précieux. Mais nous garderons fidèlement le souvenir de l'ami loyal et bon que nous avons perdu en M. Pierre Masson.

Albert Mouchet.

Revue d'Orthopédie, novembre 1928.

CET homme d'affaires était un homme de cœur, et c'est pourquoi *Le Jeune Médecin* lui consacre sa première page.

Le premier contact avec lui était toujours froid, mais, à la deuxième entrevue, la glace tombait et la poignée de main était cordiale. Il portait en lui quelque chose de dominateur ; de teint un peu bronzé, l'œil vif, il parlait avec la voix du chef qui a su créer notre plus grande maison d'édition médicale.

Je dis bien « la plus grande ».

Voici des chiffres :

Par an : cent mille livres.

Par an : cent nouveaux livres.

Par mois : 50 publications médicales ou scientifiques.

Et puis, *La Presse,* avec son tirage impressionnant, qui, deux fois par semaine, va porter partout où l'on étudie, nos dernières nouveautés, *La Presse,* avec ses serviteurs d'élite — car de talent — qui s'appellent Desfosses, Dumont et Amirault.

« Le Patron » était généreux. Un exemple : Je lui avais fait demander, en 1924, s'il consentirait à faire passer en bonne place un article sur le Sanatorium des Etudiants.

Vingt-quatre heures après, trois mots : Venez me voir.

— Je m'inscris pour 2 000 francs et vais prier le Docteur

Vitoux de se mettre immédiatement en rapport avec vous afin de faire paraître une série d'articles sur votre très belle Œuvre. »

C'est pour moi un devoir de rendre hommage à la mémoire du *trésorier du Comité national de défense contre la tuberculose* et d'exprimer à sa famille et à ses collaborateurs toute la sympathie du Comité de rédaction du *Jeune Médecin*.

Dr J. CROUZAT.

Le Jeune Médecin, « J'analyse », 31 octobre 1928.

La nouvelle de la mort de M. Pierre-V. Masson nous est arrivée presque en même temps que celle de sa maladie ; elle nous surprend dans nos sentiments de sympathie pour celui qui a été longtemps à la tête d'une importante maison d'éditions médicales et scientifiques, pour celui qui, sans être médecin, tenait une place de premier plan dans le monde médical.

Pierre Masson a succombé en pleine vigueur, dans le parfait épanouissement d'une renommée justement acquise par la part importante qu'il prit au mouvement littéraire médical de ces quarante dernières années.

La vie de Pierre Masson est facile à résumer.

Né à Meudon le 21 juin 1865, Pierre Masson, au sortir des études classiques, devint élève de l'École centrale des Arts et Manufactures ; ce n'est qu'après en être sorti, qu'il s'adonna à l'édition dans la maison qu'avait dirigée son grand-père M. Victor Masson et que dirigeait avec succès son père, M. Georges Masson.

Depuis cette époque jusqu'à sa mort, pendant près de quarante ans, il joua le rôle que l'on sait dans la diffusion des œuvres des maîtres de la médecine française.

Il aimait sa profession ; il n'a jamais cessé de s'occuper très activement de sa maison d'édition ; il y consacrait le meilleur de son temps.

Il avait à cœur qu'il ne sortît pas de sa maison un livre qui péchât par une négligence dans les conditions matérielles de sa publication ; il considérait à juste raison qu'un livre bien présenté était presque un livre vendu.

Pierre Masson a reçu des mains de son père une maison d'édition déjà réputée ; il a continué à la développer et à accroître son renom avec le concours éclairé et le labeur incessant de collaborateurs de longue date, ses associés, M. Robert Talamon et M. Casalis, sans oublier un disparu, M. Bouchez.

Il a eu la joie, avant de nous quitter, d'initier son fils, M. Georges Masson, aux affaires et de l'associer à la direction.

Si pris qu'il fût par la direction de sa maison, il trouvait encore le temps de s'occuper activement du Syndicat des éditeurs et du Cercle de la librairie, et sa voix y faisait autorité ; il jouait aussi un rôle important au Syndicat de la presse périodique dont il était le vice-président.

Il était officier de la Légion d'honneur.

Au nom du Comité de rédaction, des éditeurs, des lecteurs et des collaborateurs de *Paris Médical*, nous exprimons à la famille et aux associés de Pierre Masson, ainsi qu'aux membres du Comité de rédaction de la *Presse médicale*, nos plus sincères condoléances.

Dr GEORGES J.-B. BAILLIÈRE.

Paris-Médical, 3 novembre 1928.

C'EST avec une douloureuse surprise que nous avons appris, il y a quelques jours, la mort de M. Pierre Masson, décédé à l'âge de soixante-trois ans, à la suite d'une courte maladie.

M. Pierre Masson appartenait à la lignée des grands éditeurs qui, depuis plus de cent ans, ont donné une si haute réputation à la célèbre librairie du boulevard Saint-Germain. Il succédait à son grand-père Victor Masson, et à son père Georges Masson. Après avoir passé par l'École Centrale, M. Pierre Masson se consacra à la maison familiale et en accentua la spécialisation scientifique et médicale.

Sa grande expérience des affaires autant que sa droiture et sa courtoisie lui avaient valu une autorité considérable. Autorité bien justifiée, car dans le monde entier les beaux livres édités avec un goût si sûr par la Maison Masson ont contribué à faire la meilleure des propagandes françaises.

Une grande partie des efforts de M. Pierre Masson était consacrée à ses périodiques aussi nombreux qu'importants, et en particulier à la *Presse médicale* qui, sous son impulsion, a atteint un si haut degré de prospérité.

M. Masson était le libraire de l'Académie de médecine et de la Faculté de médecine; il est d'ailleurs peu de

Sociétés savantes qui n'aient eu recours à lui pour la publication des bulletins et mémoires. Son expérience et son dévouement étaient en outre mis bien souvent à contribution pour nos réunions professionnelles. Les comités et les congrès dont il a été le trésorier sont innombrables.

Très sincèrement, nous prions son fils et associé M. Georges Masson, son beau-frère M. le professeur Pierre Teissier et la rédaction de la *Presse médicale* de recevoir l'expression de nos profonds regrets et de notre bien vive sympathie.

F. L. S.

Gazette des Hôpitaux, octobre 1928.

Le monde de l'édition et le public scientifique ont été vivement impressionnés, voici quelques jours, par la disparition de l'éditeur Pierre Masson, décédé le 18 octobre dernier, à l'âge de soixante-trois ans.

La librairie Masson, qui est plus que centenaire, puisqu'elle a été fondée en 1804, a beaucoup fait pour la propagande scientifique française à l'étranger et l'éditeur Pierre Masson souvent n'hésita point à vendre à perte, dans les pays à change déprécié, les ouvrages édités par sa maison qui ne publia pas moins de cinquante-deux journaux ou revues d'un intérêt médical ou scientifique et qui, notamment, a réalisé une grande diffusion des sciences par *La Nature* et la *Presse médicale*.

L'éditeur Pierre Masson était vice-président du Comité national de défense contre la tuberculose.

La Rédaction.

L'Illustration, 27 octobre 1928.

IMPRIMERIE LAHURE
9, RUE DE FLEURUS
PARIS

www.ingramcontent.com/pod-product-compliance
Ingram Content Group UK Ltd.
Pitfield, Milton Keynes, MK11 3LW, UK
UKHW020944180726
13838UKWH00003B/1108

9 782329 433707